www.ingramcontent.com/pod-product-compliance
Lightning Source LLC
Chambersburg PA
CBHW050414290526
45786CB00003B/1254

* 9 7 8 1 5 4 2 9 3 8 4 3 3 *